POWER BOWLS

Coralie Ferreira

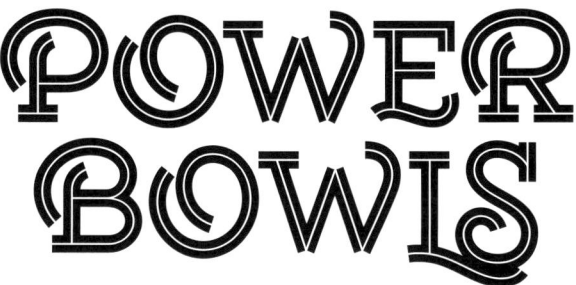
POWER BOWLS

Photographies : Aimery Chemin
Stylisme : Coralie Ferreira

hachette
CUISINE

Sommaire

Introduction 11

POUR LE PETIT DÉJ'

Açaï bowl des bois..........................12
Açaï bowl exotique..........................14
Green smoothie bowl 16
Mango smoothie bowl 18
Cacao smoothie bowl 20
Strawberry smoothie bowl 22
Porridge bowl à l'avoine,
lait d'amande, framboises et pêche....24
Pudding d'automne chia et quinoa....26
Double chia pudding et açaï bowl.....28
Riz complet au lait de riz et au thé vert,
pamplemousse, framboise, sésame....30
Porridge au millet, lait d'amande et myrtilles.....32
Porridge au lait de noisette et poires 34
Tapioca au lait de coco, mangue,
fruits des bois, noix et goji 36

POUR LE DÉJEUNER ET LE DÎNER

Poke bowl au thon et à l'avocat 38
Salmon poke bowl 40
Veggie poke bowl.............................42
Buddha bowl....................................44
Indian buddha bowl..........................46
Green buddha bowl..........................48
Halloumi labne bowl.........................50
Gado gado bowl...............................52
Greek mood bowl.............................54
Rainbow bowl..................................56
Porridge bowl..................................58
Risotto bowl aux asperges................60
Vietnamese bowl..............................62
Bibimbap bowl.................................64
Wild bowl..66
Fresh summer bowl..........................68
So veggie bowl................................70

Introduction

Ils sont colorés, beaux, équilibrés, riches en bons nutriments, délicieux et vous accompagnent tout au long de la journée : faites entrer les power bowls dans votre cuisine !

Au petit déjeuner, ils mixent habilement les fruits avec des superaliments, des céréales, des laits végétaux et des graines pour faire le plein d'énergie et de vitamines.

Au déjeuner ou au dîner, ils font place au salé avec une base de céréales accompagnées de légumineuses, de graines, d'herbes et de légumes frais pour des repas sains et équilibrés.

La meilleure façon d'adopter les power bowls est de se fier aux saisons : on y ajoute fruits et légumes du moment pour profiter de leur meilleur goût, pour le reste, on varie autant que possible les garnitures pour des bols bien équilibrés et savoureux.

Pour le petit déj'

Açaï bowl des bois

Pour 1 personne • Préparation : 10 min • Congélation : 1 nuit

Les Ingrédients

Banane 1
Framboises .... 50 g
   + 4 pour le dessus du bol
Quelques myrtilles
Quelques mûres
Açaï en poudre .... 1 cuil. à soupe bombée
   ou 50 g d'açaï en purée (en épicerie bio)
Purée d'amandes blanches........... 1 cuil. à soupe
Lait d'amande .... 1 cuil. à soupe
Baies de goji................................. 1 cuil. à café
Graines de courge........................... 1 cuil. à café
Graines de pavot .... 1 cuil. à soupe
Pollen .... 1 cuil. à café
Quelque fleurs fraîches

La Recette

1. La veille, épluchez la banane, coupez-la en rondelles et placez-la au congélateur.

2. Le jour même, lavez les framboises, les myrtilles et les mûres.

3. Déposez les framboises dans le bol du mixeur avec la banane surgelée, la poudre d'açaï (ou la purée d'açaï), la purée d'amandes et le lait d'amande. Mixez jusqu'à ce que vous obteniez un mélange homogène.

4. Versez dans un bol et ajoutez les 3 framboises, les myrtilles, les mûres, les baies de goji, les graines de courge et de pavot et le pollen. Décorez avec les fleurs et dégustez aussitôt.

Pour le petit déj'

Açaï bowl exotique

Pour 1 personne • Préparation : 15 min • Congélation : 1 nuit

Les Ingrédients

Banane 1
Fruit de la Passion 1
Fruit du dragon ....¼
Papaye...50 g
    + quelques morceaux pour le dessus
Açaï en poudre .... 1 cuil. à soupe bombée
    ou 50 g d'açaï en purée (en épicerie bio)
Purée d'amandes blanches........... 1 cuil. à soupe
Lait de coco .... 1 cuil. à soupe
Copeaux de noix de coco ....1 cuil. à café
Graines de sésame noir....................1 cuil. à café
Graines de chia............................ 1 cuil. à soupe
Baies d'aguaymento ....1 cuil. à café

La Recette

1. La veille, épluchez la banane, coupez-la en rondelles et placez-la au congélateur.

2. Le jour même, lavez et coupez le fruit de la Passion en deux. Prélevez et filtrez la pulpe d'une moitié et laissez l'autre telle quelle. Prélevez la chair du fruit du dragon à l'aide d'une cuillère parisienne pour réaliser des billes.

3. Prélevez la pulpe de la papaye (conservez quelques tranches pour la déco) et déposez-la dans le bol du mixeur avec la banane surgelée, la poudre (ou la purée) d'açaï, la pulpe filtrée de fruit de la Passion, la purée d'amandes et le lait de coco. Mixez jusqu'à ce que vous obteniez un mélange homogène.

4. Versez dans un bol et ajoutez la moitié de fruit de la Passion, les billes de fruit du dragon, les copeaux de noix de coco, les graines de sésame noir et de chia, les tranches de papaye et les baies d'aguaymento.

Green
smoothie bowl

Pour 1 personne • Préparation : 15 min • Congélation : 1 nuit

Les Ingrédients

- Banane 1
- Avocat 1
- Jeunes pousses d'épinards .... 1 poignée
- Le jus d'½ citron vert
- Chlorelle .... ½ cuil. à café
- Purée de noix de cajou .... 1 cuil. à soupe
- Lait d'amande .... 10 cl
- Kiwi 1
- Pomme Granny .... ¼
- Graines de chanvre .... 1 cuil. à café
- Pollen .... 1 cuil. à café
- Graines de chia .... 1 cuil. à café
- Feuilles de basilic 2

La Recette

1. La veille, épluchez la banane, coupez-la en rondelles et placez-la au congélateur.

2. Le jour même, épluchez l'avocat et coupez la chair en morceaux, rincez les pousses d'épinards.

3. Placez la banane, l'avocat, les pousses d'épinards, le jus de citron vert, la chlorelle, la purée de noix de cajou et le lait d'amande dans le bol du mixeur. Mixez la préparation jusqu'à ce qu'elle soit homogène.

4. Épluchez le kiwi et coupez-le en rondelles. Émincez la pomme.

5. Servez la préparation à la banane dans un bol, ajoutez les pommes émincées, le kiwi et parsemez de graines de chanvre, de pollen, de graines de chia et de basilic.

Pour le petit déj'

Mango
smoothie bowl

Pour 1 personne • Préparation : 15 min • Congélation : 1 nuit

Les Ingrédients

Banane 1
Mangue .... ½
Quelques framboises
Feuilles de basilic 2
Le jus d'½ citron vert

Purée de noix de cajou .... 1 cuil. à soupe
Lait de riz .... 8 cl
Graines de lin .... 1 cuil. à café
Quelques noix de cajou
Quelques groseilles
Quelques kumquats

La Recette

1. La veille, épluchez la banane, coupez-la en rondelles et placez-la au congélateur.

2. Le jour même, épluchez la mangue et coupez la chair en morceaux. Rincez les framboises.

3. Placez la banane, la mangue, le basilic, le jus de citron vert, la purée de noix de cajou et le lait de riz dans le bol du mixeur. Mixez la préparation jusqu'à ce qu'elle soit homogène.

4. Servez la préparation à la banane dans un bol et parsemez de graines de lin, de noix de cajou, de groseilles, de kumquats et de framboises.

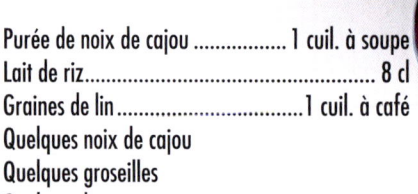

Pour le petit déj'

Cacao
smoothie bowl

Pour 1 personne • Préparation : 15 min • Congélation : 1 nuit

Les Ingrédients

Bananes 2
Cacao cru .... 1 cuil. à café rase
Le jus d'½ citron jaune
Purée de noisettes .... 1 cuil. à soupe
Lait de riz à la noisette .... 10 cl
Poire .... ½
Granola .... 1 cuil. à soupe
Noisettes concassées .... 1 cuil. à café
Grués de cacao .... 1 cuil. à café
Baies de goji .... 1 cuil. à café

La Recette

1. La veille, épluchez 1 banane, coupez-la en rondelles et placez-la au congélateur.

2. Le jour même, épluchez l'autre banane et coupez la chair en morceaux.

3. Placez les bananes, le cacao, le jus de citron, la purée de noisettes et le lait de riz à la noisette dans le bol du mixeur. Mixez la préparation jusqu'à ce qu'elle soit homogène. Rincez la poire, coupez-la en morceaux.

4. Servez la préparation à la banane dans un bol, ajoutez les morceaux de poire et parsemez de granola, de noisettes concassées, de grués de cacao et de baies de goji.

Pour le petit déj'

Strawberry
smoothie bowl

Pour 1 personne • Préparation : 15 min • Congélation : 1 nuit

Les Ingrédients

Banane 1
Fraises .... 100 g
Le jus d'½ citron vert
Purée d'amandes .... 1 cuil. à soupe
Lait d'amande .... 5 cl
Quelques fraises des bois
Graines de chia .... 1 cuil. à café
Quelques pistaches
Flocons de riz .... 1 cuil. à soupe

La Recette

1. La veille, épluchez la banane, coupez-la en rondelles et placez-la au congélateur.

2. Le jour même, lavez les fraises, équeutez-les et coupez-les en morceaux.

3. Placez la banane, les fraises, le jus de citron vert, la purée d'amandes et le lait d'amande dans le bol du mixeur. Mixez la préparation jusqu'à ce qu'elle soit homogène. Rincez les fraises des bois.

4. Servez la préparation à la banane dans un bol et parsemez de graines de chia, de pistaches, de flocons de riz et de fraises des bois.

Pour le petit déj'

Porridge bowl
à l'avoine, lait d'amande, framboises et pêche

Pour 1 personne • Préparation : 5 min • Cuisson : 8 min

Les Ingrédients

Framboises fraîches .... 50 g
Pêche .... ½
Petits flocons d'avoine .... 4 cuil. à soupe
Sirop d'agave ou miel .... 1 cuil. à café
Lait d'amande .... 20 cl
Vanille .... 1 pincée
Amandes effilées torréfiées .... 1 cuil. à café

La Recette

1. Lavez les framboises et la pêche.

2. Mettez les flocons d'avoine, le sirop d'agave et le lait d'amande dans une petite casserole. Portez à ébullition et faites cuire 8 min avec la moitié des framboises fraîches et la vanille.

3. Coupez la pêche en fines lamelles.

4. Lorsque le porridge est prêt, versez-le dans un bol et parsemez de framboises fraîches, de morceaux de pêche et d'amandes effilées.

Pour le petit déj'

Pudding d'automne
chia et quinoa

Pour 1 personne • Préparation : 15 min • Cuisson : 8 min

Flocons de quinoa .... 2 cuil. à soupe bombées
Graines de chia .... 2 cuil. à soupe
Miel .... 1 cuil. à soupe
Lait végétal de coco (en magasin bio) .... 20 cl
Figue fraîche 1
Petites figues sèches 2
Prune 1
Quelques groseilles blanches
Quelques noix
Graines de tournesol .... 1 cuil. à café

1. Coupez les figues sèches en morceaux.

2. Mettez les flocons de quinoa et les graines de chia dans une petite casserole. Ajoutez le miel, les figues coupées et le lait végétal de coco. Mélangez et portez à ébullition, faites cuire à feu doux pendant 8 min.

3. Pendant ce temps, lavez les figues et la prune et coupez-les en morceaux.

4. Versez le porridge dans un bol et ajoutez les morceaux de fruits, les groseilles, les noix et les graines de tournesol.

Pour le petit déj'

Double chia pudding
et açaï bowl

Pour 1 personne • Préparation : 10 min • Congélation : 12 h

Les Ingrédients

Pour le chia pudding

Yaourt au soja 1
Sirop de coco .... 1 cuil. à soupe
Crème de coco .... 1 cuil. à soupe
Graines de chia .... 2 cuil. à soupe

Pour la préparation à l'açaï

Myrtilles ....75 g
Abricot 1
Banane ....½
Pulpe d'açaï ....25 g
(ou 1 cuil. à soupe d'açaï en poudre)
Coco râpée ....1 cuil. à café
Quelques cubes de coco fraîche

La Recette

1. La veille, épluchez la banane, coupez-la en rondelles et placez-la dans le congélateur.

2. Le lendemain, préparez le chia pudding : mélangez le yaourt avec le sirop de coco, la crème de coco et les graines de chia, réservez.

3. Lavez toutes les myrtilles et l'abricot. Coupez l'abricot en morceaux.

4. Mixez la banane surgelée avec 50 g de myrtilles et la pulpe d'açaï.

5. Répartissez dans un bol le chia pudding et la préparation à l'açaï, répartissez l'abricot, le reste de myrtilles, les copeaux et les cubes de coco.

Pour le petit déj'

Riz complet
au lait de riz et au thé vert, pamplemousse, framboise, sésame

Pour 1 personne • Préparation : 10 min • Cuisson : 25 min

Les Ingrédients

La Recette

Riz rond complet ....30 g
Sucre de canne .... 1 cuil. à soupe
Lait de riz.. 25 cl
Graines de chia..............................1 cuil. à café
Thé vert matcha en poudre ....1 cuil. à café
Pamplemousse ....½
Framboises...30 g
Sésame .... 1 pincée

1. Versez le riz dans une casserole avec le sucre de canne et le lait de riz, portez à ébullition et faites cuire doucement pendant 25 min. À la fin de la cuisson, ajoutez le matcha, les graines de chia et mélangez bien. Versez dans un bol.

2. Épluchez le pamplemousse et prélevez les suprêmes. Rincez les framboises, ajoutez-les ainsi que le pamplemouse et parsemez de sésame.

Porridge au millet,
lait d'amande et myrtilles

Pour 1 personne • Préparation : 10 min • Cuisson : 25 min

Graines de millet ....30 g
Lait d'amande .... 25 cl
Sucre de canne .... 1 cuil. à soupe
Myrtilles..50 g
Quelques mûres
Quelques groseilles à maquereau
Graines de courge...........................1 cuil. à café
Noix de pécan .... 1 cuil. à soupe

1. Rincez les myrtilles, les mûres et les groseilles.

2. Rincez abondamment le millet, égouttez-le bien. Déposez-le dans une casserole avec le lait d'amande, le sucre de canne et la moitié des myrtilles. Portez à ébullition puis laissez cuire doucement pendant 25 min.

3. Lorsque le porridge est prêt, versez-le dans un bol et ajoutez-y le reste des myrtilles, les mûres, les groseilles, les graines de courge et les noix de pécan.

Pour le petit déj'

Porridge
au lait de noisette et poires

Pour 1 personne • Préparation : 5 min • Cuisson : 8 min

Les Ingrédients

Petits flocons d'avoine .... 4 cuil. à soupe
Miel .... ½ cuil. à soupe
Vanille....................................... 1 pincée
Lait de noisette .... 20 cl
Poire.. ½
Noix... 1 cuil. à soupe
Pépites de chocolat noir .... 1 cuil. à café
Granola..................................... 1 cuil. à soupe

La Recette

1. Mettez les flocons d'avoine, le miel, la vanille et le lait de noisette dans une petite casserole. Portez à ébullition et faites cuire 8 min.

2. Lavez la poire et coupez-la en fines lamelles.

3. Lorsque le porridge est prêt, versez-le dans un bol et parsemez de poire, de noix, de pépites de chocolat et de granola.

Tapioca au lait de coco,
mangue, fruits des bois, noix et goji

Pour 1 personne • Préparation : 15 min • Cuisson : 25 min

Les Ingrédients

Perles de tapioca .... 15 g
Lait de coco .... 35 cl
Sucre de coco .... 1 cuil. à soupe rase
Mangue .... ½
Fraises 2
Quelques framboises
Quelques myrtilles
Baies de goji .... 1 cuil. à café
Copeaux de noix de coco fraîche .... 1 pincée

La Recette

1. Rincez abondamment le tapioca. Déposez-le dans une casserole avec le lait de coco et le sucre, portez à ébullition puis faites chauffer doucement pendant 25 min (jusqu'à ce que les billes soient translucides).

2. Pendant ce temps, lavez tous les fruits. Coupez la mangue en deux et ôtez le noyau. Quadrillez la chair d'une des moitiés à l'aide d'un couteau. Équeutez les fraises et coupez-les en deux.

3. Lorsque le tapioca est cuit, versez-le dans un bol, ajoutez les fruits, les baies et la coco fraîche et dégustez.

Poke bowl
au thon et à l'avocat

Pour 1 personne • Préparation : 20 min • Cuisson : 20 min

Les Ingrédients

Thon blanc extra-frais	200 g
Sauce soja	2 cuil. à soupe
Piment	1 pincée
Sésame	1 cuil. à café
Riz blanc (à sushi ou non)	60 g
Avocat	½
Quelques pousses de petit pois	
Carotte	½
Ail	1 gousse
Le jus d'½ citron	
Sauce ponzu (en épicerie asiatique)	1 cuil. à soupe
Sel	

La Recette

1. Coupez le thon en gros cubes et faites-le mariner dans la sauce soja, le piment et le sésame.

2. Faites cuire le riz à la vapeur en suivant les indications de cuisson figurant sur le paquet.

3. Épluchez et coupez l'avocat en cubes. Lavez et égouttez les pousses de petit pois. Épluchez et râpez la demi-carotte. Écrasez l'ail et mélangez-le à l'avocat avec le jus de citron.

4. Déposez le riz dans un bol, ajoutez le poisson mariné, l'avocat, les carottes, et les pousses de petits pois, et servez avec la sauce ponzu.

Salmon poke bowl

Pour 1 personne • Préparation : 20 min • Cuisson : 20 min

Les Ingrédients

Saumon extra-frais .... 200 g
Sauce soja au yuzu
(en épicerie asiatique) .... 2 cuil. à soupe
Gingembre frais râpé .... ½ cm
Sésame .... 1 cuil. à café
Riz complet .... 60 g
Mangue .... ¼
Salade d'algues (wakame) .... 1 cuil. à soupe
Concombre .... 60 g
Edamame .... 1 cuil. à soupe
Mayonnaise .... 1 cuil. à soupe
Wasabi .... 1 pointe
Le jus d'½ citron vert

La Recette

1. Coupez le saumon en gros cubes et faites-le mariner dans la sauce soja au yuzu, le gingembre râpé et le sésame.

2. Faites cuire le riz à la vapeur en suivant les indications de cuisson figurant sur le paquet.

3. Épluchez et coupez la mangue en lamelles. Épluchez et coupez le morceau de concombre en rondelles. Faites cuire les edamame pendant 3 min dans une casserole d'eau bouillante. Mélangez la mayonnaise avec le wasabi et le jus de citron vert.

4. Déposez le riz dans un bol, ajoutez le poisson mariné, la mangue, le concombre, la salade d'algues et servez avec la mayonnaise au wasabi.

Veggie poke bowl

Pour 1 personne • Préparation : 20 min • Cuisson : 20 min

Les Ingrédients

Kale .... 1 feuille
Le jus d'1 citron
Purée de noix de cajou .... 1 cuil. à café
Lait de coco .... 2 cuil. à soupe
Sauce soja .... 1 cuil. à café
Piment .... 1 pincée
Sésame .... 1 cuil. à café
Tofu .... 200 g
Quinoa .... 60 g
Avocat .... ½
Huile d'olive .... 1 cuil. à soupe
Pousses de petits pois .... 1 petite poignée
Quelques noix de macadamia
Huile de friture
Sel

La Recette

1. Lavez la feuille de kale et éliminez la tige. Massez le kale avec la moitié du jus du citron et la purée de noix de cajou. Laissez reposer le temps de préparer le reste.

2. Mélangez le lait de coco avec la sauce soja, le piment et le sésame. Coupez le tofu en grosses lamelles, essuyez-le bien sur du papier absorbant. Faites-le frire quelques minutes dans l'huile de friture bien chaude. Égouttez et déposez-le dans le mélange au lait de coco.

3. Faites cuire le quinoa en suivant les indications de cuisson figurant sur le paquet.

4. Lavez et égouttez les pousses de petit pois. Épluchez et coupez l'avocat, déposez-le dans un petit mixeur et mixez-le avec le reste de jus de citron et l'huile d'olive. Salez légèrement.

5. Déposez le quinoa dans un bol, ajoutez le tofu au lait de coco, le kale, les pousses de petit pois, la sauce à l'avocat et les noix de macadamia.

Buddha bowl

Pour 1 personne • Préparation : 20 min • Cuisson : 32 min

Les Ingrédients

Millet	60 g
Patate douce	¼
Miso	1 cuil. à soupe
Sirop d'érable	1 cuil. à café
Chou rouge râpé	1 petite poignée
Vinaigre de cidre	1 cuil. à café
Huile d'olive	1 cuil. à soupe
Avocat	½
Citron jaune	½
Pois chiches	1 cuil. à soupe
Quelques graines germées	
Graines de courge	1 cuil. à café
Huile d'avocat	1 cuil. à soupe
Sel	

La Recette

1. Faites cuire le millet comme indiqué sur le paquet (environ 20 min).

2. Lavez la patate douce, coupez-la en cubes et faites-la cuire à la vapeur pendant 12 min. Lorsqu'elle est cuite, mélangez-la avec le miso et le sirop d'érable.

3. Mélangez le chou rouge avec le vinaigre et l'huile d'olive, laissez mariner.

4. Épluchez l'avocat, arrosez-le de citron et coupez-le en lamelles.

5. Égouttez le millet et déposez-le dans un bol, ajoutez la patate douce, l'avocat, le chou rouge, les pois chiches et les graines germées. Parsemez de graines de courge et arrosez d'huile d'avocat.

Indian buddha bowl

Pour 1 personne • Préparation : 20 min • Cuisson : 32 min

Les Ingrédients

Riz basmati semi-complet .... 60 g
Lentilles corail .... 1 cuil. à soupe
Courge .... 150 g
Curry .... 1 cuil. à café
Crème de coco .... 2 cuil. à soupe
Brocoli .... 2 fleurettes
Mangue .... ¼
Noix de cajou .... 1 cuil. à café
Coriandre .... 3 brins
Pousses d'épinard .... 1 petite poignée
Citron vert .... ½
Sel

La Recette

1. Faites cuire le riz avec les lentilles corail selon le temps indiqué sur l'emballage (environ 16 min).

2. Lavez la courge, épluchez-la et coupez-la en dés. Déposez-la dans une casserole avec un fond d'eau, couvrez et faites cuire doucement pendant 10 min. Lorsque la courge est presque cuite, ajoutez le curry, une pincée de sel et la crème de coco, mélangez délicatement et poursuivez la cuisson pendant 2 min.

3. Faites cuire le brocoli à la vapeur pendant 6 min. Coupez les fleurettes en deux ou quatre.

4. Épluchez la mangue et coupez-la en lamelles. Lavez la coriandre et ciselez-la.

5. Égouttez le riz aux lentilles et déposez-le dans un bol. Ajoutez la courge à la crème de coco, le brocoli, la mangue, les épinards, parsemez de noix de cajou et de coriandre. Arrosez de citron vert.

Pour le déjeuner et le dîner

Green buddha bowl

Pour 1 personne • Préparation : 20 min • Cuisson : 20 min

Les Ingrédients

Quinoa .... 60 g
Petits pois (non écossés) .... 100 g
Pois mange-tout .... 1 poignée

Kale .... 1 petite feuille
Le jus d'½ citron
Œuf extra-frais 1
Vinaigre blanc .... ½ cuil. à café
Spiruline en poudre
(en magasin bio) .... ½ cuil. à café
Haricots blancs cuits .... 1 cuil. à soupe
Huile de colza .... 2 cuil. à soupe
Quelques graines germées
Quelques brins d'herbes fraîches

La Recette

1. Faites cuire le quinoa selon le temps indiqué sur le paquet.

2. Écossez les petits pois, rincez-les et faites-les cuire 3 min dans une casserole d'eau bouillante avec les pois mange-tout.

3. Pendant ce temps, lavez la feuille de kale, gardez la partie verte et ciselez-la. Massez-la avec le jus du citron. Laissez reposer.

4. Faites bouillir une casserole d'eau et faites-y cuire l'œuf dans sa coquille pendant 5 min.

5. Mélangez lc vinaigre avec la spiruline et l'huile de colza.

6. Lorsque le quinoa est cuit, égouttez-le et déposez-le dans un bol. Garnissez avec les petits pois et les pois mange-tout, le concombre, les haricots blancs, le kale, l'œuf écalé, les graines germées et les herbes fraîches. Arrosez avec la vinaigrette à la spiruline.

Halloumi
labne bowl

Pour 1 personne • Préparation : 20 min • Cuisson : 25 min

Les Ingrédients

Couscous de Jérusalem .... 60 g
Choux de Bruxelles 3
Huile d'olive .... 1 cuil. à soupe
Grenade .... ¼
Labne .... 1 cuil. à soupe
Tahin .... 1 cuil. à café
Halloumi .... 50 g
Sésame .... 1 cuil. à café
Coriandre .... 3 brins
Citron jaune .... ¼

La Recette

1. Faites cuire le couscous de Jérusalem selon le temps indiqué sur le paquet.

2. Lavez les choux de Bruxelles et faites-les griller dans une poêle avec l'huile d'olive. Salez.

3. Égrainez la grenade. Mélangez le labne avec le tahin. Coupez le halloumi en lamelles et faites-le griller dans une poêle sans matière grasse.

4. Égouttez le couscous et déposez-le dans un bol. Ajoutez les choux de Bruxelles grillés, le labne au tahin, le halloumi grillé, la grenade, parsemez de sésame et de coriandre, puis déposez le quart de citron sur le côté.

Pour le déjeuner et le dîner

Gado gado bowl

Pour 1 personne • Préparation : 20 min • Cuisson : 35 min

Les Ingrédients

Œuf extra-frais 1
Pommes de terre nouvelles ou grenaille ..... 300 g
Haricots verts .... 70 g
Concombre .... ½ petit
Carotte .... 1 petite
Betterave cuite .... ½
Chou-rave .... 1 petit
Coriandre .... 4 brins

Pour la sauce

Pâte de crevette .... 1 cuil. à café
Beurre de cacahuète .... 2 cuil. à café
Lait de coco .... 3 cuil. à soupe
Ail .... 1 gousse
Piment .... 1 pincée
Le jus d'½ citron vert

La Recette

1. Faites bouillir une casserole d'eau et faites-y cuire l'œuf pendant 10 min puis plongez-le dans un bol d'eau froide.

2. Faites cuire les pommes de terre à la vapeur pendant 15 min.

3. Pendant ce temps, lavez tous les légumes. Équeutez les haricots verts et faites-les cuire à la vapeur pendant 10 min. Émincez le concombre et la carotte à l'économe. Coupez la betterave en petites lamelles. Passez le chou-rave à la mandoline. Écalez l'œuf et coupez-le en deux.

4. Préparez la sauce : mélangez la pâte de crevette avec le beurre de cacahuète, le lait de coco, l'ail écrasé, le piment et le jus de citron vert.

5. Répartissez les pommes de terre, l'œuf et tous les légumes dans un bol, parsemez de feuilles de coriandre et servez avec la sauce.

Greek mood bowl

Pour 1 personne • Préparation : 20 min

Les Ingrédients

Semoule de blé .... 30 g
Concombre .... ½ petit
Feta .... 50 g
Tomates cerise .... 100 g
Menthe ciselée .... 3 brins
Citron confit émincé .... ½ cuil. à café
Ail .... 1 gousse
Tarama .... 1 cuil. à soupe
Olives noires .... 1 cuil. à soupe
Huile d'olive .... 2 cuil. à soupe

La Recette

1. Préparez la semoule de blé comme indiqué sur le paquet.

2. Lavez le concombre, épluchez-le et coupez-le en bâtonnets. Coupez la feta en lamelles. Lavez les tomates et coupez-les en morceaux.

3. Mélangez la semoule avec la menthe ciselée et le citron confit.

4. Déposez ce mélange dans un bol et garnissez avec les tomates cerise, le concombre, la feta, le tarama et les olives noires. Arrosez d'un filet d'huile d'olive et dégustez.

Rainbow bowl

Pour 1 personne • Préparation : 15 min • Cuisson : 5 min

Les Ingrédients

Radis de couleurs variées .... 100 g
Quelques tomates cerise de couleurs variées
Pâtes de riz .... 100 g
Graines de courge .... 1 cuil. à soupe
Pousses d'alfalfa .... 1 cuil. à soupe

Pour la sauce

Purée de sésame .... 1 cuil. à café
Le jus d'¼ de pamplemousse
Le jus d'½ orange
Huile d'olive .... 2 cuil. à soupe
Menthe .... 4 brins

La Recette

1. Lavez et épluchez les carottes et les radis, émincez-les finement. Coupez les tomates en deux.

2. Faites cuire les pâtes comme indiqué sur le paquet. Égouttez-les et rincez-les sous l'eau froide.

3. Préparez la sauce : mélangez la purée de sésame avec les jus de pamplemousse et d'orange. Ajoutez l'huile et mélangez. Hachez la menthe.

4. Déposez les pâtes de riz dans un bol, ajoutez les tomates et les radis, parsemez de graines de courge, de pousses d'alfalfa et de menthe. Servez avec la sauce.

Porridge bowl

Pour 1 personne • Préparation : 25 min • Cuisson : 25 min

Les Ingrédients

Fèves fraîches écossées .... 60 g
Petits pois frais écossés .... 100 g
Échalote 1
Quinoa .... 30 g
Sarrasin .... 30 g
Bouillon de légume .... 30 cl
Crème de soja .... 2 cuil. à soupe
Œuf extra-frais 1
Vinaigre blanc .... 1 cuil. à soupe
Estragon .... 2 brins
Ciboulette .... 2 brins
Quelques amandes toastées
Huile d'olive .... 2 cuil. à soupe
Sel, poivre

La Recette

1. Écossez les fèves et les petits pois.

2. Épluchez et émincez l'échalote. Faites chauffer 1 cuil. à soupe d'huile, faites revenir le quinoa et le sarrasin avec l'échalote. Mélangez bien et versez petit à petit le bouillon.

3. Faites cuire les fèves et les petits pois 5 min à la vapeur ou 3 min dans une casserole d'eau bouillante.

4. Lorsque les céréales sont cuites, ajoutez la crème de soja, salez et poivrez.

5. Faites chauffer une petite casserole d'eau avec le vinaigre. Lorsque l'eau frémit, formez un tourbillon au centre et cassez-y l'œuf. À l'aide de deux cuil. à soupe, pincez le blanc d'œuf afin de refermer l'œuf poché. Lavez et ciselez les herbes.

6. Déposez le porridge dans un bol, ajoutez l'œuf, les petits pois et les fèves, les herbes ciselées et les amandes toastées.

Risotto bowl
aux asperges

Pour 1 personne • Préparation : 25 min • Cuisson : 25 min

Les Ingrédients

Asperges 6
Bouillon de légumes .... 25 cl
Échalote 1
Riz à risotto...60 g
Mini-courgette 1
Jeunes pousses .... 1 petite poignée
Œuf extra-frais...1
Quelques noisettes torréfiées
Huile de noisette.......................... 1 cuil. à soupe
Huile d'olive................................ 3 cuil. à soupe
Sel, poivre

La Recette

1. Lavez les asperges, ôtez le pied et émincez les tiges.

2. Faites chauffer le bouillon.

3. Épluchez et ciselez l'échalote, faites-la revenir dans une casserole et ajoutez le riz à risotto. Mélangez à l'aide d'une cuillère en bois jusqu'à ce que le riz soit translucide. Ajoutez les asperges et mélangez. Versez petit à petit le bouillon jusqu'à ce que le riz soit cuit (environ 20 min de cuisson).

4. Lavez la mini-courgette et émincez-la. Lavez et essorez les jeunes pousses.

5. Faites chauffer 2 cuil. à soupe d'huile d'olive dans une poêle et faites cuire l'œuf au plat pendant 4 min.

6. Lorsque le risotto est cuit, garnissez le bol de risotto, ajoutez-y la courgette, l'œuf et les jeunes pousses. Parsemez de noisettes torréfiées et d'un filet d'huile de noisette.

Vietnamese bowl

Pour 1 personne • Préparation : 20 min • Cuisson : 15 min

Les Ingrédients

Vermicelles de riz .... 60 g
Filet de poulet .... 1 petit
Pak choy .... 1 petit
Carotte .... ½
Radis vert .... ½
Cacahuètes .... 1 cuil. à café
Oignons frits .... 1 cuil. à café
Huile de coco .... 2 cuil. à soupe
Sel

Pour la sauce

Ail .... ½ gousse
Vinaigre de riz .... 1 cuil. à soupe
Nuoc-mâm .... 1 cuil. à soupe
Eau .... 1 cuil. à soupe
Piment .... 1 pincée

La Recette

1. Faites chauffer 1 cuil. à soupe d'huile de coco dans une poêle et faites dorer le poulet 4 min de chaque côté. Salez légèrement en fin de cuisson et émincez.

2. Préparez les légumes : lavez-les. Émincez le pak choy et faites-le sauter pendant quelques minutes avec le reste d'huile de coco. Pendant ce temps, épluchez la carotte et coupez-la en fines rondelles. Émincez finement le radis.

3. Faites tremper les vermicelles pendant 3 min dans de l'eau bouillante (reportez-vous aux indications sur le paquet).

4. Préparez la sauce : écrasez l'ail et mélangez-le à tous les autres ingrédients.

5. Égouttez bien les pâtes et déposez-les dans un bol. Ajoutez les légumes et le poulet émincé. Parsemez de cacahuètes et d'oignons frits.

Bibimbap bowl

Pour 1 personne • Préparation : 20 min • Cuisson : 30 min

Les Ingrédients

Bœuf	150 g
Riz	60 g
Shiitakés	4
Concombre	¼
Carotte pourpre	¼
Kimchi	1 cuil. à soupe
Huile de tournesol	1 cuil. à soupe

Pour la marinade

Ail	½ gousse
Gingembre	1 cm
Sauce soja	2 cuil. à soupe
Huile de sésame	2 cuil. à soupe
Sucre	1 pincée

La Recette

1. Coupez la viande en fines lamelles.

2. Préparez la marinade : écrasez l'ail et râpez le gingembre, mélangez-les avec la sauce soja, l'huile de sésame et la pincée de sucre. Ajoutez la viande, mélangez et laissez reposer le temps de la préparation.

3. Faites cuire le riz comme indiqué sur le paquet.

4. Lavez les légumes. Émincez les shiitakés et faites-les revenir dans une sauteuse avec 1 cuil. à soupe d'huile de tournesol. Coupez le concombre en rondelles, râpez la carotte et coupez-la en fines rondelles.

5. Faites sauter la viande quelques minutes dans une sauteuse.

6. Répartissez le riz dans un bol, ajoutez la viande sautée, le concombre, la carotte, le kimchi selon votre goût et les shiitakés.

Pour le déjeuner et le dîner

Wild bowl

Pour 1 personne • Préparation : 20 min • Cuisson : 50 min

Les Ingrédients

Riz sauvage .... 60 g
Asperges sauvages 6
Ail .... 1 gousse
Ail des ours .... 1 poignée
Pignons de pin .... 1 cuil. à soupe
　　　　　　　　　　　+ 1 poignée pour la déco
Huile d'olive .... 2 cuil. à soupe
Eau .... 1 cuil. à soupe
Champignons de Paris 2
Mûres .... 1 cuil. à soupe
Cottage cheese .... 1 cuil. à soupe
Sel

La Recette

1. Faites cuire le riz comme indiqué sur le paquet (environ 40 min).

2. Lavez les asperges sauvages et faites-les cuire 5 min à la vapeur.

3. Épluchez la gousse d'ail, déposez-la dans un petit mixeur avec les feuilles d'ail des ours et les pignons. Mixez avec l'huile d'olive, l'eau et une pincée de sel jusqu'à ce que vous obteniez un pesto homogène.

4. Lavez les champignons et émincez-les finement. Rincez les mûres.

5. Répartissez le riz cuit dans un bol. Garnissez-le avec les asperges, les champignons émincés, les mûres, le cottage cheese, le pesto et quelques pignons de pin.

Fresh summer bowl

Pour 1 personne • Préparation : 15 min • Cuisson : 35 min

Les Ingrédients

Petit épeautre .... 60 g
Pêche .... ½
Tomates cerise 10
Avocat .... ½
Citron .... ½
Herbes fraîches ciselées .... 1 cuil. à soupe
Mozzarella di buffala .... ½
Grenade séchée .... 1 cuil. à café
Pistaches .... 1 cuil. à café

Pour la sauce

Vinaigre balsamique blanc .... 1 cuil. à café
Açaï .... 1 cuil. à café
Huile d'olive .... 2 cuil. à soupe
Sel, poivre

La Recette

1. Faites cuire le petit épeautre selon le temps indiqué sur le paquet (environ 35 min).

2. Lavez la pêche et la tomate. Coupez les tomates en fines lamelles et la pêche en morceaux. Émincez l'avocat et arrosez-le de citron.

3. Lorsque le petit épeautre est cuit, égouttez-le puis mélangez-le aux herbes ciselées.

4. Préparez la sauce : mélangez le vinaigre avec l'açaï, ajoutez l'huile et mélangez bien. Salez et poivrez.

5. Déposez le quinoa dans un bol et ajoutez la pêche, la tomate, la mozzarella, les grains de grenade, l'avocat, la sauce et parsemez de pistaches.

So veggie bowl

Pour 1 personne • Préparation : 25 min • Cuisson : 20 min

Les Ingrédients

Zaatar	1 cuil. à café
Pois chiches	30 g
Patate douce	¼
Purée de noix de cajou	2 cuil. à café
Betterave cuite	½
Yaourt au soja	1 cuil. à soupe
Tomate jaune	1
Avocat	½
Le jus d'½ citron	
Courgette	1
Huile d'olive	2 cuil. à soupe
Coriandre	2 brins

La Recette

1. Préchauffez le four à 190 °C (th. 6-7). Mélangez le zaatar avec les pois chiches, déposez-les sur la moitié d'une plaque de cuisson.

2. Épluchez la patate douce, coupez-la en cubes et mélangez-la avec la purée de noix de cajou et 1 cuil. à soupe d'huile d'olive. Salez et poivrez et déposez-la sur l'autre moitié de la plaque de cuisson. Enfournez pour 20 min de cuisson.

3. Mixez la betterave avec le yaourt au soja. Coupez la tomate en rondelles. Épluchez et émincez l'avocat, arrosez-le de la moitié du jus de citron.

4. Lavez la courgette et émincez-la en tagliatelles à l'aide d'un économe. Arrosez du jus de citron restant et salez.

5. Répartissez dans un bol et ajoutez tous les ingrédients : le mélange betterave-yaourt, l'avocat, la tomate, la patate douce, les pois chiches rôtis et les brins de coriandre.

 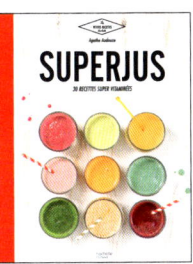   
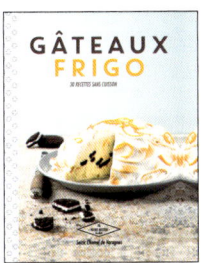 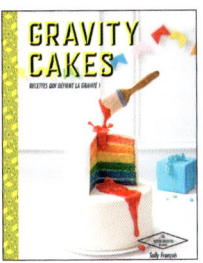   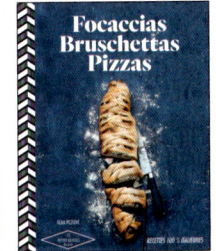
  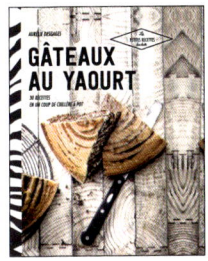  
 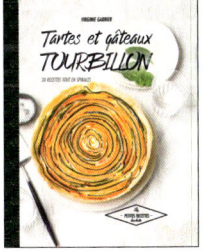   
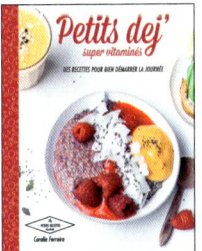   

Retrouvez-nous sur Facebook :
facebook.com/Hachettecuisine

Retrouvez les autres titres de la collection

   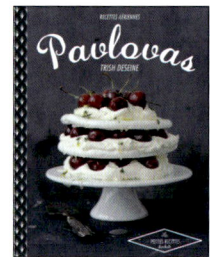

   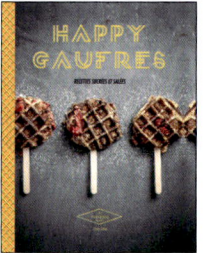

 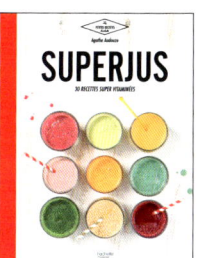  
  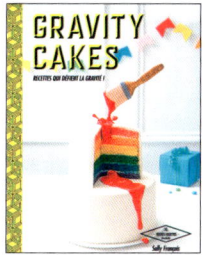 

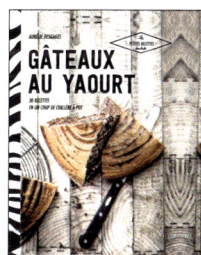   
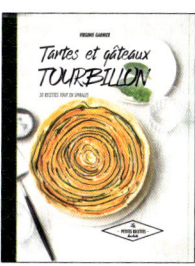  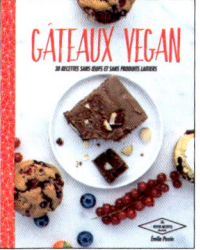  

Retrouvez-nous sur Facebook : facebook.com/Hachettecuisine

Mesures et Équivalences

Mémo pour mesurer les ingrédients sans balance

Ingrédients	1 cuil. à café	1 cuil. à soupe	1 verre à moutarde
Beurre	7 g	20 g	–
Cacao en poudre	5 g	10 g	90 g
Crème épaisse	1,5 cl	4 cl	20 cl
Crème liquide	0,7 cl	2 cl	20 cl
Farine	3 g	10 g	100 g
Gruyère râpé	4 g	12 g	65 g
Liquides divers (eau, huile, vinaigre, alcools)	0,7 cl	2 cl	20 cl
Maïzena®	3 g	10 g	100 g
Poudre d'amandes	6 g	15 g	75 g
Raisins secs	8 g	30 g	110 g
Riz	7 g	20 g	150 g
Sel	5 g	15 g	–
Semoule, couscous	5 g	15 g	150 g
Sucre en poudre	5 g	15 g	150 g
Sucre glace	3 g	10 g	110 g

Pense-bête pour mesurer les liquides

1 verre à liqueur = 3 cl
1 tasse à café = 8 à 10 cl
1 verre à moutarde = 20 cl
1 mug = 30 cl
1 bol = 35 cl

Bon à savoir

1 œuf = 50 g
1 noisette de beurre = 5 g
1 noix de beurre = 15 à 20 g

Bien régler son four

Température (°C)	Thermostat
30	1
60	2
90	3
120	4
150	5
180	6
210	7
240	8
270	9

© 2016, Hachette Livre (Hachette Pratique), Paris. 58, rue Jean-Bleuzen — 92178 Vanves Cedex

Tous droits de traduction, d'adaptation et de reproduction, totale ou partielle,
pour quelque usage, par quelque moyen que ce soit, réservés pour tous pays.
Pour l'éditeur, le principe est d'utiliser des papiers composés de fibres naturelles, renouvelables,
recyclables et fabriqués à partir de bois issus de forêts qui adoptent un système d'aménagement durable.
En outre, l'éditeur attend de ses fournisseurs de papier qu'ils s'inscrivent
dans une démarche de certification environnementale reconnue.

Direction : Catherine Saunier-Talec
Responsable éditoriale : Céline Le Lamer
Responsable de projet : Juliette Spiteri
Conception intérieure et couverture : Studio-Allez
Réalisation intérieure : Nord Compo
Correction : Mélanie Rebillaud
Fabrication : Amélie Latsch
Responsable partenariats : Sophie Morier (smorier@hachette-livre.fr)

hachette s'engage pour l'environnement en réduisant l'empreinte carbone de ses livres. Celle de cet exemplaire est de : 632 g éq. CO_2
Rendez-vous sur www.hachette-durable.fr

PAPIER À BASE DE FIBRES CERTIFIÉES

Dépôt légal : septembre 2016
88-4840-9/01
ISBN : 978-2-01-135671-0
Imprimé en Espagne par Cayfosa